Pequeñas Estrellas

El taekwondo de las pequeñas estrellas

Un libro de El Semillero de Crabtree

Taylor Farley y Pablo de la Vega

Las clases de **taekwondo** son divertidas.

Todos usamos un **dobok** y un cinturón.

Mi cinturón es blanco porque soy **principiante**.

Hacemos una reverencia al inicio de cada clase.

Estirar nos ayuda a calentar el cuerpo.

Nuestro **sabonim** nos enseña varios movimientos.

ATOM

A veces **combatimos.**

Cuando combatimos, petos y cascos nos protegen.

casco
peto

THUNDER
infinity

No se nos permite empujar, sostener o agarrar al compañero.

El taekwondo me hace tener **confianza** en mí.

Glosario

combatimos: Combatir es probar tus habilidades contra las de un compañero en un encuentro controlado.

confianza: La confianza es una esperanza que se tiene de alguien o algo, y también la seguridad en uno mismo.

dobok: El dobok es el uniforme del taekwondo. Usualmente está compuesto de pantalones blancos y una túnica blanca.

principiante: Un principiante es alguien que comienza a adquirir una habilidad.

sabonim: Un sabonim es un entrenador o maestro. Los estudiantes de taekwondo llaman a su maestro sabonim.

taekwondo: El taekwondo es un arte marcial de Corea que incluye una serie de estilos de patadas y golpes.

Índice analítico

Apoyos de la escuela a los hogares para cuidadores y maestros

Los libros de El Semillero de Crabtree ayudan a los niños a crecer al permitirles practicar la lectura. Las siguientes son algunas preguntas de guía que ayudan a los lectores a construir sus habilidades de comprensión. Algunas posibles respuestas están incluidas.

Antes de leer:

- **¿De qué piensas que tratará este libro?** Pienso que este libro tratará sobre el taekwondo. Quizá nos dirá cómo los niños aprenden taekwondo.
- **¿Qué quiero aprender sobre este tema?** Quiero conocer dos movimientos distintos de taekwondo.

Durante la lectura:

- **Me pregunto por qué...** Me pregunto por qué los niños hacen una reverencia al inicio de cada clase de taekwondo.
- **¿Qué he aprendido hasta ahora?** Aprendí que los jugadores de taekwondo patean alto en el aire. Pelean unos con otros.

Después de leer:

- **¿Qué detalles aprendí de este tema?** Aprendí que hay cinturones de taekwondo de distintos colores. Los principiantes usan cinturones blancos. Todos usan un dobok.
- **Lee el libro de nuevo y busca las palabras del vocabulario.** Veo la palabra *sabonim* en la página 12 y la palabra *confianza* en la página 20. Las otras palabras del vocabulario están en las páginas 22 y 23.

Library and Archives Canada Cataloguing in Publication

Title: El taekwondo de las pequeñas estrellas / Taylor Farley y Pablo de la Vega.
Other titles: Little stars taekwondo. Spanish
Names: Farley, Taylor, author. | Vega, Pablo de la, translator.
Description: Series statement: Pequeñas estrellas | Translation of: Little stars taekwondo. | Translated by Pablo de la Vega. | "Un libro de el semillero de Crabtree". | Includes index. | Text in Spanish.
Identifiers: Canadiana (print) 20210097841 | Canadiana (ebook) 2021009785X | ISBN 9781427131720 (hardcover) | ISBN 9781427131904 (softcover) | ISBN 9781427136107 (HTML) | ISBN 9781427132079 (read-along ebook)
Subjects: LCSH: Tae kwon do—Juvenile literature.
Classification: LCC GV1114.9 .F3718 2021 | DDC j796.815/7—dc23

Library of Congress Cataloging-in-Publication Data

Names: Farley, Taylor, author. | Vega, Pablo de la, translator.
Title: El taekwondo de las pequeñas estrellas / Taylor Farley y Pablo de la Vega.
Other titles: Little stars taekwondo. Spanish
Description: New York : Crabtree Publishing Company, 2021. | Series: Pequeñas estrellas | "Un libro de El Semillero de Crabtree". | Audience: Ages 5-7 | Audience: Grades K-1 | Summary: "Taekwondo may be the most popular martial arts practiced by very young kids. This book covers information on the uniforms, safety equipment, and what to expect in a taekwondo class"-- Provided by publisher.
Identifiers: LCCN 2020056980 (print) | LCCN 2020056981 (ebook) | ISBN 9781427131720 (hardcover) | ISBN 9781427131904 (paperback) | ISBN 9781427132079 (ebook) | ISBN 9781427136107 (epub)
Subjects: LCSH: Tae kwon do--Juvenile literature.
Classification: LCC GV1114.9 .F3718 2021 (print) | LCC GV1114.9 (ebook) | DDC 796.815/7--dc23
LC record available at https://lccn.loc.gov/2020056980
LC ebook record available at https://lccn.loc.gov/2020056981

Crabtree Publishing Company
www.crabtreebooks.com 1–800–387–7650

Written by Taylor Farley
Production coordinator and Prepress technician: Samara Parent
Print coordinator: Katherine Berti
Translation to Spanish: Pablo de la Vega
Edition in Spanish: Base Tres

Print book version produced jointly with Blue Door Education in 2021
Printed in the U.S.A./022021/CG20201215

Photo credits: Cover photo © 7stock, pages 2-3 © Dusan Petkovic, page 5 © infjustice, page 6-7 © Sergey Novikov, pages 8-9 © Africa Studio, page 11 © Ronnachai Palas, page 13 © Dusan Petkovic, pages 14, 17 and 18 © Jade ThaiCatwalk, page 21 © TORWAISTUDIO
All images from Shutterstock.com

Published in Canada
Crabtree Publishing
616 Welland Ave.
St. Catharines, Ontario
L2M 5V6

Published in the United States
Crabtree Publishing
347 Fifth Ave.
Suite 1402-145
New York, NY 10016

Published in the United Kingdom
Crabtree Publishing
Maritime House
Basin Road North, Hove
BN41 1WR

Published in Australia
Crabtree Publishing
Unit 3 – 5 Currumbin Court
Capalaba
QLD 4157